WWW.LANDHAUS-TEAM.DE

Inhaltsverzeichnis

VORSPEISEN MIT SPARGEL

SPARGEL SUPPEN

SPARGEL SOSSEN

HAUPTGERICHTE

SPARGEL MIT FISCH

SONSTIGE SPARGEL REZEPTE

Asiatischer Spargelsalat

FÜR 4 PERSONEN

225 g Spargelspitzen – 2 TL entkernte Tomaten, fein gehackt
Sesamkörner zum Garnieren
FÜR DIE SAUCE: 2 EL eingelegter Ingwer, sehr fein gewogen
1 frische rote Chilischote oder – 1 EL fein gehackte rote Paprika
1 geschälte Knoblauchzehe – 2 EL Reisessig – 4 EL Olivenöl – 2 EL Sesamöl
2 TL Tomaten, in Öl eingelegt fein gehackt sonnengetrocknet
1 EL Balsamico-Essig – 2 EL fein gewiegter frischer Koriander

Spargel in den Varoma geben mit etwas Zucker bestreuen, 500 ml Wasser in den Mixtopf geben und **10 Min./ Varoma®** dämpfen. Außen herum sollte er schon durchscheinend, innen aber immer noch undurchsichtig sein. Spargel sofort in Eiswasser legen, bis er kalt ist, danach in ein Sieb geben. Die Dressing-Zutaten in den Mixtopf geben und **30 Sek./Stufe 2** cremig rühren. Auf jeden Teller etwas Dressing gießen und die Spargelspitzen darauf anrichten. Mit klein gehackten Tomaten und einer Prise Sesamkörnern garnieren. Bei diesem typischen Rezept aus der Zen-Schule ist der Kontrast der verschiedenen Aromen besonders wichtig: Sesamöl und Spargel spielen die Hauptrolle und sollten daher von bester Qualität sein.

Eingelegter Spargel

FÜR 6 PORTIONEN

1000 g Spargel – Salzwasser – Zucker – 1 TL Butter
250 ml Weißweinessig – 1 EL Estragon, frisch gehackt
1 EL Majoran, frisch gehackt – 1 EL Thymian, frisch gehackt
Pfeffer, schwarz, frisch gemahlen – 8 EL Keimöl

Den Spargel waschen, abtrocknen und vom Kopf zum Ende hin schälen, das holzige Stangenende 1-2 cm dick abschneiden. Die Stangen in den Varoma legen mit etwas Zucker bestreuen und 500 ml Wasser in den Mixtopf geben. **30 Min./Varoma®** dampfgaren. Den Spargel vorsichtig herausheben, abtropfen und abkühlen lassen. Den Weinessig mit den Kräutern (Notfalls auch getrocknete, dann je Sorte 1 gehäuften Teelöffel) und dem Öl vermischen. Mit frisch gemahlenem Pfeffer würzen. Die Spargelstangen in ein hohes Glas legen und mit der Marinade übergießen. Das Gefäß gut verschließen und bei Zimmertemperatur, damit sich das Aroma der Kräuter besser entfalten kann, bis 2 Tage durchziehen lassen.

Gourmet-Toast

FÜR 4 PORTIONEN

4 Hähnchenbrustfilets – Pfeffer und Salz
1 EL Butter – 4 Scheiben Toastbrot – 2 EL Butter
etwas abgeriebene Zitronenschale
500 g gekochter Spargel – 8 Scheiben milder Käse

Die Hähnchenbrustfilets ganz dünn schneiden und in den **Varoma®** legen, 500 ml Wasser in den Mixtopf geben und ca **20 Min./Varoma®** dampfgaren. Zum Schluss etwas würzen. Die Butter in den Mixtopf geben und **20 Sek./Stufe 3** schaumig rühren, mit Salz und Zitronenschale würzen und die Toastbrotscheiben damit bestreichen, jeweils 1 Scheibe Käse auf die Toastbrotscheiben legen, darauf ein Hähnchenbrustfilet. Dann den Spargel gleichmäßig auf den Toastbrotscheiben verteilen und mit den restlichen Käsescheiben belegen. Im 250 °C vorgeheizten Ofen etwa 5–7 Minuten überbacken.

Gratinierter grüner Spargel

FÜR 1 PERSON

500 g grüner Spargel – Salz und weißer Pfeffer
2 Knoblauchzehen – 120 ml Olivenöl
50 g Semmelbrösel – 40 g Parmesan (frisch gerieben)
6 Basilikumblätter

Von den Spargelenden etwa 1 cm abschneiden, die Stangen bis zum oberen Drittel dünn schälen. Spargel in den **Varoma®** geben, mit etwas Zucker bestreuen und 500 ml Wasser in den Mixtopf geben **20 Min./Varoma®** dampfgaren. Spargel in eine feuerfeste Form oder auf eine feuerfeste Platte legen und mit Pfeffer würzen. Knoblauch pellen und durchpressen. Zusammen mit etwas Olivenöl in den Mixtopf geben und **3 Min./100 °C/Stufe 2** andünsten und die Semmelbrösel einrühren und weiter **2 Min./100 °C/Stufe 2** dünsten. Diese Mischung auf dem Spargel verteilen und den Parmesan darüber streuen. Unter dem Backofengrill auf der 2. Einschubleiste von oben etwa 1-2 Min. gratinieren. Vor dem Servieren die Basilikumblätter grob zerpflücken und darüber streuen.

Grün-weiße Spargelsülze

FÜR 1 PORTION

300 g grüner Spargel – 500 g weißer Spargel
18 Blatt weiße Gelatine – Zucker – 150 ml Weißwein
5 EL Weißweinessig – Worcestershiresauce
1 Bd. Kräuter für Frankfurter grüne Sauce
(Petersilie, Schnittlauch, Pimpinelle, Estragon, Sauerampfer, Kerbel, Borretsch)
150 g Vollmilchjoghurt – 50 g Mayonnaise – 2 EL Zitronensaft
Salz und Pfeffer

Grünen Spargel im unteren Drittel, weißen Spargel ganz schälen, Enden abschneiden. Spargel in ca. 4-5 cm lange Stücke schneiden. Gelatine in kaltem Wasser einweichen. Weißen Spargel in den **Varoma®** geben, mit etwas Zucker bestreuen, 500 ml Wasser + etwas Salz in den Mixtopf geben und **25 Min./Varoma®** garen. Nach 10 Min. den grünen Spargel dazu geben. Spargel herausnehmen, abschrecken, auf Küchenpapier abtropfen lassen. Vom Spargelwasser 500 ml abmessen + 300 ml heißes Wasser, Gelatine ausdrücken und in dem warmen Spargelwasser auflösen. Weißwein und Essig zugeben. Kräftig mit Salz, Pfeffer, 1 Prise Zucker und etwas Worcestershiresauce würzen. Eine Kastenform (1,5 l Inhalt) mit Öl auspinseln, mit Klarsichtfolie auslegen. Den Boden ca. 1,5 cm hoch mit Gelee begießen, im Kühlschrank fest werden lassen. Spargel lagenweise quer einschichten, dabei zwischen den einzelnen Stangen ca. ½ cm

Raum lassen, um später leichter Scheiben abschneiden zu können. Lagen jeweils mit Gelee übergießen und im Kühlschrank fest werden lassen. So verfahren, bis Spargel und Gelee aufgebraucht sind. Sülze abgedeckt mindestens 8 Std., am besten über Nacht, kalt stellen. Kräuter waschen, trocknen. 2/3 in den Mixtopf geben **10 Sek./Stufe 8** zerkleinern, Joghurt hinzugeben, **10 Sek./Stufe 4** vermengen, Mayonnaise unterrühren. Mit Zitronensaft, Salz und Pfeffer abschmecken. Zum Servieren Form stürzen, Folie abziehen, die Sülze mit scharfem Messer in Scheiben schneiden. Mit übrigen Kräutern und der Sauce servieren. Dazu passt grüner Salat.

Grün-weißer Spargelsalat mit Rauke und Tomaten

FÜR 10 PORTIONEN

500 g weißer Spargel – 500 g grüner Spargel – Salz und weißer Pfeffer
½ Salatgurke – 1 Bd. schlanke Frühlingszwiebeln
250 g Kirschtomaten – 100 g Rauke – 3 EL Zitronensaft
1 ½ TL Zucker – 80 ml Öl – 100 g Schafskäse (Feta)

Den weißen Spargel vollständig, den grünen nur am unteren Ende schälen. Alle Spargelstangen in den **Varoma®** geben und etwas zuckern, 500 ml Wasser + etwas Salz in den Mixtopf geben und **15 Min./Varoma®** dampfgaren. Den Spargel herausnehmen, abtropfen lassen und in dünne, schräge Scheiben schneiden. Die Gurke längs halbieren, die Kerne mit einem Löffel herausschaben und die Gurke in schmale Scheiben schneiden. Die Frühlingszwiebeln putzen und das Weiße und Hellgrüne in dünne schräge Scheiben schneiden. Die Kirschtomaten vierteln. Die Rauke putzen, waschen und trocken schleudern. Aus Zitronensaft, Salz, Pfeffer, Zucker und Öl eine Vinaigrette rühren und mit den vorbereiteten Zutaten mischen. Alles in einer großen Schüssel vermengen. Den Schafskäse zerbröseln und über den Salat streuen. Dazu passt Baguette.

Grüner Spargel mit Pinienkernen

FÜR 1 PORTION

600 g grüner Spargel – 6 EL Olivenöl
2 EL Sherry-Essig – Salz und schwarzer Pfeffer
75 g Pinienkerne – 2 EL Petersilie (gehackt)

Spargel schälen, in den **Varoma®** legen etwas zuckern, 500 ml Wasser + etwas Salz in den Mixtopf geben und **20 Min./Varoma®** dampfgaren. Abschrecken und längs halbieren. Gut 2/3 des Öls mit Essig, Salz und Pfeffer verrühren und mit dem Spargel mischen. Pinienkerne im restlichen Öl goldbraun rösten, mit der Petersilie mischen und über den Spargel streuen.

Grüner Spargel mit Vinaigrette

2 Bd. grüner Spargel - Salz und weißer Pfeffer
4 EL Pflanzenöl - 1 EL Walnussöl
1 EL Weißweinessig - 1 TL Dijon-Senf - 1 TL Zucker

Grüner Spargel muss, im Gegensatz zu weißem nicht oder nur am unteren Viertel geschält werden. Dann mit einem scharfen Messer soviel unten abschneiden, bis die Schneide leicht durch die Spargelstange gleitet. Die Stangen in den **Varoma®** legen, etwas zuckern. 500 ml Wasser + etwas Salz in den Mixtopf geben und **15 Min./Varoma®** dampfgaren. Spargelstangen aus dem Wasser heben, entweder kalt abschrecken oder lauwarm servieren. Aus beiden Ölsorten, Senf, Essig sowie Zucker, Salz und weißem Pfeffer eine Salatsauce rühren und über die Spargelstangen gießen.

Grüner Spargelsalat mit Shiitake-Pilze

FÜR 4 PORTIONEN

300 g grüner Spargel, möglichst dünne Stangen
Salz – 80 g rote Zwiebeln – 100 g Shiitake-Pilze
4 Stiele glatte Petersilie – 3 EL dunkles Sesamöl – Pfeffer
4 EL weißer Balsamessig ersatzweise Weißwein

Den Spargel im unteren Drittel schälen, die holzigen Enden abschneiden. Spargel in den **Varoma®** geben etwas zuckern, 500 ml Wasser + etwas Salz in den Mixtopf geben und **15 Min./Varoma®** dampfgaren. In Eiswasser abschrecken. Zwiebeln pellen und in feine Streifen schneiden. Shiitake-Pilze putzen, die Stiele entfernen. Die Hüte halbieren oder vierteln. Petersilie abzupfen und fein hacken. 1 EL Sesamöl in einer Pfanne nicht zu stark erhitzen. Die Pilze darin anbraten. Zwiebel in Streifen dazugeben und 1 Min. weiterbraten. Salzen und pfeffern. Pilze, Zwiebeln und Petersilie mit Spargel, Essig und restlichem Sesamöl vorsichtig mischen und auf einer Platte anrichten. Den Spargelsalat zu den karibischen Schweinesteaks servieren.

Gundel-Salat

FÜR 1 PORTION

300 g kleinere Pilzhüte – 100 ml Salatöl
Salz und Pfeffer – Petersilie
120 g zarte grüne Bohnen – 200 g Spargelspitzen
15 g Zucker – 150 g Paprikaschoten
150 g Tomaten – 150 g Gurken
1 Salatkopf – 50 ml Zitronensaft – Ketchup

Die vorbereiteten Bohnen in Stücke von 1 ½ cm schneiden und – ebenso wie die Spargelspitzen in den **Varoma®** legen mit etwas Zucker bestreuen und 500 ml Wasser + etwas Salz in den Mixtopf geben, **25 Min./Varoma®** dampfgaren.

Die Tomaten mit dem heißen Wasser überbrühen und die Schale abziehen. Die Pilzhüte in Scheiben schneiden und in Öl, mit Salz, Pfeffer und Petersilie dünsten.

Die Paprikaschoten auf der Herdplatte so lange unter Wenden braten, bis sie Blasen bekommen und sich die dünne durchsichtige Schale abziehen lässt. Dann die Tomaten und die Paprikaschoten, aus denen auch der Samenstand entfernt wurde, in Würfel schneiden. Die Gurken an beiden Enden prüfen, ob sie nicht bitter schmecken (sonst gegen andere austauschen), schälen, in sehr dünne Scheiben schneiden und salzen. Vom Kopfsalat ein

paar schöne Blätter beiseite legen, den übrigen Kopfsalat in schmale Streifen schneiden. Alle Zutaten gut kühlen, dann unter Verwendung des Öls, in dem die Pilze gedünstet wurden, mit Salz, Pfeffer, Zitronensaft und eventuell etwas Ketchup gut miteinander vermengen und etwa 1 Stunde im Kühlschrank gut durchziehen lassen. Eine Salatschüssel mit den zurückgelegten Salatblättern auslegen, darauf den Salat anrichten und mit Petersilie bestreuen. In größeren Portionen kann der Gundel-Salat auch als selbständige Vorspeise gereicht werden, ansonsten eignet er sich zu jeglichem Fleischgericht als Beilage.

Kalter Spargel in Orangensauce

FÜR 4 PORTIONEN

1500 g Spargel – 100 ml Orangensaft – 1 TL frischer Limettensaft
1 EL Schalotten fein gehackt – 1 Knoblauchzehe fein gehackt
2 EL Orangenschalenstreifen (30 Sek. in kochendem Wasser blanchiert)
3 EL kalt gepresstes Olivenöl – 1 EL Rotweinessig

Den Spargel schälen, in den Varoma geben, mit etwas Zucker bestreuen, 500 ml Wasser in den Mixtopf geben + etwas Salz. **25 Min./Varoma®** dampfgaren.

In kleiner Schüssel alle Zutaten (außer Essig und Öl) gut vermischen, mindestens 20 Minuten ziehen lassen. Öl und Essig mit Schneebesen unter die Sauce mischen. Die gut abgetropften Spargelstangen portionenweise auf Teller anrichten. Die Sauce mit dem Schneebesen gründlich umrühren, gleichmäßig über dem Spargel verteilen.

Käsesoufflee mit Spargel

FÜR 4 PORTIONEN

1 kg grüner Spargel – 3 l Wasser – 1 TL Salz
100 g Emmentaler Käse – 50 g Butter
75 g Mehl – ½ l Milch
4 Eier – je 1 TL Salz
Paprikapulver – 1 Pr. Salz

Spargel halbieren, in den **Varoma®** geben mit etwas Zucker bestreuen. 500 ml Wasser + etwas Salz in den Mixtopf geben und **15 Min./ Varoma®** garen. Käse fein reiben. Form mit Butter ausstreichen, Backofen auf 200 °C vorheizen. Die Butter in den Mixtopf geben **3 Min./100°C/Stufe 2** erhitzen und langsam das Mehl dazu geben und unter Rühren hellgelb anbraten. Bei weiteren **2 Min./100 °C/Stufe 2** nach und nach die Milch unter das Mehl rühren, bis ein Kloß entsteht. Die Eier trennen, Eigelbe abwechselnd mit Käse, Salz und Paprikapulver bei **Stufe 2** unter den Mehlkloss rühren. Eiweiße mit 1 Pr. Salz zu Schnee schlagen und unterheben. Spargel in die Form legen, Souffleemasse darüber füllen und glattstreichen. Backofen zweite Schiene 30 Min. goldgelb backen. Den Backofen während des Backens nicht!! öffnen, das Soufflee fällt wirklich wieder zusammen. Deshalb auch sofort servieren, sonst kann man zusehen, wie alles wieder schrumpft.

Kopfsalat mit Erdbeeren & Spargel

FÜR 4 PORTIONEN

500 g frischer Spargel – 500 g Erdbeeren
300 g grüner Salat, geputzt gewogen
1 Zitrone, Saft – 175 g Sahne-Dickmilch 10%
100 g fettarmer Kefir – 1 Bd. Petersilie oder Kerbel
Pfeffer, Salz und Zucker – 4 Scheiben Toastbrot – 4 EL Butter

Spargel waschen, putzen und schälen, in den **Varoma®** legen & etwas zuckern. 500 ml Wasser + etwas Salz in den Mixtopf geben und ca. **25 Min./Varoma®** dampfgaren. Erdbeeren waschen, putzen und je nach Größe halbieren oder vierteln. Salat waschen, putzen und in mundgerechte Stücke zerpflücken. Spargel abgießen - Kochwasser auffangen, z.B. für eine Spargelsuppe. Spargel abkühlen lassen und die Stangen in 3 cm lange Stücke schneiden, diese evtl. der Länge nach halbieren. Salat, Erdbeeren und Spargel locker mischen und portionsweise auf Salatteller verteilen. Zitronensaft, Sahne-Dickmilch und Kefir miteinander verrühren, die feingewogene Petersilie bzw. den Kerbel untermischen. Dressing mit Pfeffer, Salz und Zucker würzen, dann über die Salatportionen verteilen. Dazu jeweils eine Scheibe geröstetes Toastbrot, bestrichen mit Butter, servieren.

Lauwarmer Salat von grünem Spargel mit Paprikamousse

FÜR 4 PORTIONEN

400 g rote Paprika – 2 Schalotten – 2 EL Olivenöl – 1 Knoblauchzehe
4 EL Weißwein, trocken – 250 ml Gemüsebrühe – 250 ml Rahm
½ TL Paprikapulver, mild – Balsamessig – 1 TL Agar-Agar
2 Eiweiß – 500 g grüner Spargel dünn – Salz und Pfeffer
für die Nussölvinaigrette: 1 EL Sherryessig – 2 EL Himbeeressig
4 EL Walnussöl – 4 EL Haselnussöl – 2 EL Traubenkernöl – 1 Pr. Zucker
Salz und Pfeffer

Für die Vinaigrette: Die beiden Essigsorten verrühren, mit den Gewürzen abschmecken und unter ständigem Rühren mit dem Schneebesen das Öl zugeben. Die Paprika waschen, halbieren, die Kerne entfernen und das Fleisch grob würfeln. Schalotten schälen, fein würfeln und mit etwas Olivenöl in den Mixtopf geben und **3 Min./100 °C/ Stufe 2** anschwitzen. Mit Weißwein ablöschen, **4 Min./ 100 °C/Stufe 3** einkochen lassen und mit der Brühe und dem Rahm auffüllen. Alles etwa **15 Min./100 °C/ Stufe 2** kochen lassen. Mit Paprikapulver, Salz, Pfeffer und Balsamessig abschmecken. Alles **20 Sek./Stufe 5** fein pürieren und durch ein Sieb passieren.

Das Agar-Agar mit der doppelten Menge kaltem Wasser in den Mixtopf geben und **5 Min./90 °C/Stufe 3** quellen lassen. Vom Parikapüree für jeden Löffel Agar-Agar 250 ml abmessen und in einem Topf aufkochen. Das gequollene Agar-Agar dazugeben und 3 Minuten köcheln lassen. Eiweiß steif schlagen und unter die noch heiße Masse ziehen. Sofort in kleine Keramikförmchen füllen und mindestens eine Stunde kühl stellen. Den Spargel nur wenig am unteren Ende schälen, in den **Varoma®** geben und etwas zuckern, 500 ml Wasser + etwas Salz in den Mixtopf geben und **6 Min./Varoma®** dampfgaren. Abtropfen lassen und mit ein paar Löffeln Vinaigrette marinieren. Den noch lauwarmen Spargel mit der gestürzten Paprikamousse servieren.

Lauwarmer Spargel mit Vinaigrette und Scampi

FÜR 4 PORTIONEN

24 mittelgroße Spargelstangen, weiß und grün – 1 Scheibe Zitrone
für die Vinaigrette: 250 ml Kalbsfond auf 3 EL einkochen (evtl. 1/3 mehr)
2 Frühlingszwiebeln – 50 ml Sherryessig
70 ml Walnussöl – 1 Knoblauchzehe – ½ TL Salz
weißer Pfeffer, frisch gemahlen – 2 cl Sherry Amontillado
für die Scampi: 12 Scampischwänze
Salz und weißer Pfeffer, frisch gemahlen – 30 g Butter
1 Handvoll Löwenzahn oder Rauke – Zitronenmelisse zum Garnieren

Von beiden Spargelsorten das untere Ende abschneiden, die weißen Stangen mit einem Messer oder einem Spargelschäler von oben nach unten schälen, den grünen Spargel nur schälen, wenn die Schale sehr dick ist. Beide Sorten in den **Varoma®** geben, etwas zuckern. 500 ml Wasser + etwas Salz in den Mixtopf geben und **20 Min./Varoma®** dampfgaren. Herausnehmen und warm stellen. Für die Vinaigrette den Kalbsfond in einer Kasserolle bei mittlerer Hitze einkochen. Die Frühlingszwiebeln waschen, abtrocknen und in Scheiben schneiden. In einer Schüssel den reduzierten Fond mit dem Sherryessig und dem Walnussöl verrühren. Die Knoblauchzehe schälen, ganz fein hacken und zufügen. Mit Salz und Pfeffer würzen und den Sherry Amontillado unterrühren. Die Frühlingszwiebelringe unter die Vinaigrette mischen. Die Scampi mit einer feinen Schere oder einem kleinen, scharfen Messer auf der Unterseite aufschneiden und die Schale mit beiden Händen auseinanderdrücken, damit das Schwanzfleisch herauskommt. An der Oberseite leicht einschneiden und den Darm entfernen. Ganz leicht mit Salz und Pfeffer würzen. Die Butter in einer Pfanne erhitzen und die Scampischwänze darin von allen Seiten kurz goldbraun braten. Den Salat waschen und trocken schleudern. Mit den lauwarmen Spargelstangen auf Tellern anrichten, die gebratenen Scampischwänze darauflegen, alles mit der Vinaigrette überziehen und mit der Zitronenmelisse garnieren. Anmerkung: Wirklich lauwarm sollen die Spargelstangen und die Scampi auf den Tisch kommen, denn nur so entwickeln sie zusammen mit der Vinaigrette ihr volles Aroma. Spargel und Sauce müssen also vorbereitet sein, wenn die Scampi frisch aus der Pfanne kommen.

Marinierter grüner Spargel

FÜR 6 PORTIONEN

1000 g grüner Spargel
Salzwasser – 1 TL Butter
für die Marinade: 250 ml guter Weinessig
2 EL Zucker – 1 Bd. Estragon
12 Pfefferkörner – 4 Scheiben ungespritzte Zitrone

Den gewaschenen, aber nicht geschälten grünen Spargel in den **Varoma®** geben etwas zuckern. 800 ml Wasser + etwas Salz in den Mixtopf geben und **15 Min./Varoma®** dampfgaren. Etwa 750 ml Spargelbrühe mit 2 EL Zucker und dem Essig im Mixtopf **15 Min./100 °C** aufkochen und einige Minuten ziehen lassen. Die holzigen, harten Enden von den Spargelstangen abschneiden und die Stangen in gründlich gesäuberte hohe Einweckgläser stellen. Estragonzweige und Zitronenscheiben dazwischen stecken, die Pfefferkörner darüberstreuen und das Ganze mit dem heißen Spargel-Essigsud übergießen, bis alles bedeckt ist. Die Gläser mit Klarsichtfolie verschließen und, wenn sie abgekühlt sind, im Kühlschrank 2 - 3 Tage marinieren lassen, damit der Spargel gut durchzieht.

Mozzarellasalat mit grünem Spargel und Aprikosen

FÜR 2 PORTIONEN

350 g grüner Spargel – ½ Kopfsalat
2 Aprikosen – 100 g Kirschtomaten – 250 g Mozzarella
1 rote Zwiebel – 1 Knoblauchzehe – 1 TL Senfkörner – 4 EL Balsamicoessig
2 EL Mineralwasser – 1 EL Sonnenblumenöl – 2 Stiele Blattpetersilie
6 grüne Oliven (ohne Stein) – 6 schwarze Oliven (ohne Stein) – Salz & Pfeffer

Den grünen Spargel waschen, die unteren Enden abschneiden, das untere Drittel schälen und schräg in etwa 1 Zentimeter dicke Scheiben schneiden. In den **Varoma®** geben und etwas zuckern. 500 ml Wasser + etwas Salz in den Mixtopf geben und etwa **10 Min./Varoma®** bissfest garen, abgießen und auskühlen lassen. Kopfsalat putzen, waschen, trocken schleudern und in mundgerechte Stücke teilen. Aprikosen waschen, entkernen und in dünne Spalten schneiden. Kirschtomaten waschen, Stielansätze herausschneiden und das Fruchtfleisch halbieren. Mozzarella mit kaltem Wasser abbrausen, trocken tupfen und in Würfel schneiden. Zwiebel und Knoblauch abziehen, in feine Würfel schneiden und mit Körnersenf, Balsamicoessig, Mineralwasser, Jodsalz und frisch gemahlenem Pfeffer verrühren; danach das Sonnenblumenöl unterschlagen. Die Blattpetersilie waschen, trocken schütteln und die Blättchen in das Dressing zupfen. Das Dressing über die vorbereiteten Zutaten geben und alles vorsichtig miteinander vermengen. Den Salat anrichten, die grünen und schwarzen Oliven darüber geben und servieren.

Räucherlachs-Bonbons auf Spargelsalat

FÜR 4 PORTIONEN

100 g Doppelrahm-Frischkäse
50 g Butter, weich – ½ Bd. Basilikum – ½ Bd. Dill
Zitrone, unbehandelt Schale, abgerieben – Salz und Pfeffer, frisch gemahlen
1 kleiner Romanasalat – 8 Schnittlauchhalme – 8 Scheiben Räucherlachs
250 g Spargel, grün – 3 EL Weißweinessig – 5 EL Olivenöl

Doppelrahm-Frischkäse und Butter in den Mixtopf geben **30 Sek./Stufe 3** gut verrühren. Basilikum und Dill unter kaltem Wasser abbrausen und trockentupfen. Von 2/3 der Stiele die Blätter abzupfen und grob hacken. Restliche Kräuter für den Salat kühl aufbewahren. Gehackte Kräuter unter die Frischkäse-Masse rühren, mit Zitronenschale, Salz und Pfeffer abschmecken. Einige Salatblätter und den Schnittlauch ganz kurz (maximal 10 Sekunden) in kochendem Wasser blanchieren, herausnehmen, eiskalt abschrecken und trocken tupfen. Die harten Blattrippen der Salatblätter entfernen. Je zwei Scheiben Räucherlachs leicht überlappend ausbreiten. Die Salatblätter darauflegen (eventuell zurechtschneiden) und je ein Viertel der Frischkäse-Masse draufsetzen. Den Lachs über die Füllung klappen. Enden der Lachsröllchen mit Schnittlauch zubinden. Lachs-Bonbons kühlen.

Vom Spargel die Spitzen abschneiden (sie brauchen nicht geschält zu werden, untere Stangenstücke z.B. zu Suppe verarbeiten). Die Spargelspitzen in den **Varoma®** legen. 500 ml Wasser + etwas Salz in den Mixtopf geben **7-8 Min./Varoma®** bissfest garen. Herausnehmen, gut abgetropft der Länge nach halbieren. Etwas Salat putzen, waschen und trocken schleudern. In 1 cm breite Streifen schneiden, mit dem Spargel auf Tellern anrichten. Je zwei Lachs-Bonbons neben dem Salat anrichten. Aus Essig, Salz, Pfeffer und Öl eine Marinade aufschlagen, Spargelspitzen und Salat damit beträufeln. Mit den restlichen Dillspitzen und Basilikumblättern garnieren.

Spargel Cocktail mit Mandarinen

FÜR 4 PORTIONEN

250 g gekochter Spargel – 1 kleine Dose Mandarinen – ½ Bd. Petersilie
Sauce: 5 EL Sahne – 3 EL schlanke Mayonnaise
1 EL Mandarinensaft – 1 TL Zitronensaft – Pfeffer & Salz
zum Garnieren: Zitrone und Oliven

Den Spargel in 4-5 cm lange Stücke schneiden.
Die Mandarinen auf einem Sieb abtropfen lassen. Die Petersilie waschen, gut mit Küchenkrepp abtrocknen und fein wiegen.
Spargel, Mandarinen und die Petersilie in eine Schüssel geben und alles vorsichtig, aber gründlich durchmischen. Die Sahne in den Mixtopf mit dem Schmetterling geben und **2 Min./Stufe 4** halbsteif schlagen, mit der Mayonnaise, Mandarinensaft und Zitronensaft mischen und mit Pfeffer und Salz würzen. Die Sauce über den in Portionsgläser verteilten Cocktail gießen und sofort servieren. Als Resteverwertung ideal.

Spargel in Blätterteig

FÜR 4 PORTIONEN

500 g Blätterteig – 500 g dünner Spargel
150 g Schinken in Scheiben – 1 Ei

Den Blätterteig 3 mm dick ausrollen und in Dreiecke von ca. 15 cm Seitenlänge schneiden.
Den Spargel schälen und in ca. 10 bis 12 cm Länge zuschneiden, in den **Varoma®** legen und etwas zuckern. 500 ml Wasser + etwas Salz in den Mixtopf geben und **15 Min./Varoma®** dampfgaren. Je nach Größe des Spargels 2 oder 3 Stück mit einer Schinkenscheibe umwickeln, auf eine Seite des Blätterteig-Dreiecks legen und einrollen. Ei gut verrühren und die eingerollten Spargeln damit bestreichen. Bei mittlerer Hitze 20 Minuten backen.
Vor dem Servieren etwas auskühlen lassen.

Spargel in Aspik

FÜR 4 PORTIONEN

750 g Spargel – Salzwasser – 1 Pr. Zucker – 1 TL Butter
5 Scheiben weiße Gelatine – 4 EL Weißwein
1 Pr. weißer Pfeffer – 1 Pr. Ingwer – 1 hartgekochtes Ei
1 Dose Muscheln – 100 g Krabben (tiefgekühlt) – 1 Tomate
1 EL grüner Pfeffer

Den Spargel vom Kopf abwärts dünn schälen. Die Enden 1 - 2 cm abschneiden und darauf achten, dass keine holzigen Fasern an den Stangen bleiben. Den Spargel in den Varoma geben und etwas zuckern. 500 ml Wasser + etwas Salz in den Mixtopf geben und **20 Min./Varoma®** garen.

Den Spargel herausnehmen, abtropfen und gut auskühlen lassen. 250 ml Spargelsud abmessen. Die Gelatine in kaltem Wasser einweichen, nach der vorgegebenen Einweichzeit ausdrücken und unter den warmen Spargelsud rühren. Den Weißwein und die Gewürze zugeben. Eine Rehrückenform oder eine lange Kastenform mit etwas Aspik ausgießen und fest werden lassen. Das geht am besten und schnellsten im Kühlschrank.

Das Ei in Scheiben schneiden und die Hälfte auf den Boden der Form legen. Die Muscheln und die Krabben abtropfen lassen, mit dem

Spargel schichtweise in die Form geben, mit dem Aspik übergießen. Die Form in den Kühlschrank stellen und 3-4 Stunden darin ruhen lassen, so dass das Aspik gelieren und fest werden kann. Vorm Servieren die Form kurz in heißes Wasser halten und stürzen. Den Spargel in Aspik mit den restlichen Eischeiben, der geachtelten Tomate und grünem Pfeffer garnieren. Dazu Baguette, Salat und/oder Bratkartoffeln servieren.

Spargel in Tomaten-Basilikum-Vinaigrette

FÜR 4 PORTIONEN

500 g Spargel, frisch – 2 Fleischtomaten – 1 Bd. Basilikum
¼ l Gemüsebrühe – 1/8 l Olivenöl – 2 Sherryessig oder Weinessig
2 cl Wermut, trocken oder trockener Sherry
50 g Butterwürfel, kalt – Salz – Zucker

Die Tomaten an Ober- und Unterseite mit einem Messer einritzen und im kochenden Wasser 5 Sekunden kochen. Dann kalt abschrecken, enthäuten, entkernen und in kleine Würfel schneiden. Den Basilikum zupfen und fein schneiden. Für die Vinaigrette die Gemüsebrühe, Öl, Sherryessig und Wermut in den Mixtopf geben und **10 Min./100 °C/Stufe 2** einkochen. Den Spargel schälen, in den **Varoma®** legen und etwas zuckern. 500 ml Wasser + etwas Salz in den Mixtopf geben und **20 Min./Varoma®** dampfgaren. Der Spargel sollte bissfest sein. Vor dem Anrichten noch den Basilikum, die restlichen Butterwürfel und die Tomaten in die warme Vinaigrette unterrühren und über den Spargel geben.

Spargel-Creme-Suppe

FÜR 3 PORTIONEN

WWW.LANDHAUS-TEAM.DE

500 g Spargel – 1 EL Salz – 1 TL Zucker
50 g Butter – 250 ml Milch – 500 ml Spargelbrühe
2 EL Mehl – 2 Eigelb – 4 EL Schlagsahne
Wasser – Kerbel – Muskat – Pfeffer

Den Spargel schälen und die Schalen in den Gareinsatz geben und mit 500 ml Wasser, Salz, Zucker und einem Teil der Butter etwa **20 Min./100 °C/Stufe 2** kochen. Die Spargelschalen entfernen und in dieser Flüssigkeit den, in 3 cm lange Stücke geschnittenen Spargel etwa **20 Min./100 °C/LL/ Stufe 1** kochen. Die Spargelflüssigkeit durch ein Sieb gießen und die angegebene Menge davon mit der Milch versetzen. Butter und Mehl in den Mixtopf geben und **3 Min./100°C/Stufe 3** zu einer (hellgelbe) Einbrenne herstellen. Die „Spargelmilch" hinzugeben und **5 Min./90 °C/Stufe 3** köcheln. Mit Salz, Pfeffer und Muskat abschmecken. Die Eigelb und die Sahne werden verrührt und die (nicht mehr kochende) Spargelsuppe legiert. Mit dem Kerbel wird garniert.

Spargelcremesuppe (püriert)

FÜR 4 PORTIONEN

500 g weißer Spargel – 500 ml Hühnerbrühe
200 ml süße Sahne – 25 g Butter
15 g Mehl – Salz, Pfeffer, Muskat
Schnittlauch oder Kerbel

Spargel schälen und in Stücke schneiden, in den Gareinsatz geben und 500 ml Hühnerbrühe hinzufügen und **20 Min./100 °C/ Stufe 2** gar kochen. Mit einem Stabmixer pürieren, Sahne dazu geben und **10 Min./100 °C/Stufe 2** leicht köcheln lassen. Butter und Mehl verkneten und in die Suppe rühren. Es soll eine leichte Bindung entstehen. Alles nochmals etwas köcheln lassen. Würzen und mit Schnittlauch oder noch besser frischem Kerbel servieren.

Spargelsuppe mit Krabbenfleisch

FÜR 4 PORTIONEN

250 g Spargel – 80 g Lauch – 80 g Karotten
750 ml klare Hühnerbrühe – 10 g Schmalz – 1 Knoblauchzehe
Salz und weißer Pfeffer – Ingwer gemahlen – Curry
2 EL Sojasauce – 185 g Krabbenfleisch gekocht

Den Spargel schälen und in Stücke schneiden. Lauch und Karotten putzen, in feine Streifen schneiden alles in den Gareinsatz geben, und in den Mixtopf hängen. 750 ml klare Hühnerbrühe hinzugeben und **25 Min./100 °C/ Stufe 2** kochen. Schmalz in einer Pfanne erhitzen, Knoblauch mit Salz zerdrücken, im Schmalz goldgelb braten und der Suppe beifügen. Mit Salz, Pfeffer, Ingwer, Curry und Sojasauce abschmecken. Krabbenfleisch in kleine Stücke schneiden und der Suppe beigeben, etwas ziehen lassen und servieren.

Estragonsauce

1 Ei - ½ Zitrone einer Saft - 200 ml Sahne
2 TL mittelscharfer Senf - 2 EL Weissweinessig oder Estragonessig
1 EL Estragon oder frische glatte Petersilie - ½ Tasse Olivenöl
Salz und Pfeffer - eventuell 3 Tomaten (nur das Fleisch)

Alle Zutaten in den Mixtopf geben und **15 Sek./Stufe 5** aufmixen. Wer keinen Estragon mag, nimmt frische Petersilie und Weißweinessig. Wer möchte, gibt zum Schluss noch entkerntes, enthäutetes und gewürfeltes Tomatenfleisch dazu.

Die Sauce sollte eine sämige Konsistenz haben, also evtl. mehr Sahne oder Senf nehmen.

Limonenbutter

Saft von 3 Limonen
200 g Butter, kalt
Salz und Pfeffer

Limonen pressen, in den Mixtopf geben und **3 Min./ 90 °C/Stufe 2** leicht erhitzen. Bei kleinster Hitze die kalte Butter nach und nach zum Saft geben. Vorsicht - die Sauce darf nicht stark erhitzt werden!

Orangensauce

FÜR 4 PORTIONEN

Saft 1 Orange – 3 Eier – 200 g eiskalte Butter

Orangensaft und Eigelb in den Mixtopf geben, **3 Min./70 °C/Stufe 2** leicht erhitzen und zur cremigen Konsistenz aufschlagen. Nun eiskalte Butter in kleinen Stückchen bei **Stufe 3** unter die Orangencreme rühren - nach und nach. **2 Min./70 °C/ Stufe 2** weiter rühren - die Sauce wird so immer fester und schöner - sie darf nur nicht kochen. Mit etwas Pfeffer abschmecken und so den Spargel mit Lachs, Kotelett oder Kartoffeln servieren.

Orangensauce zu grünem Spargel

FÜR 4 PORTIONEN

300 ml Orangensaft frisch – 30 g Zucker
1 EL Orangenschale abgerieben – ½ Zitrone, Saft
200 ml Brühe – 40 g Butter
Salz und Cayennepfeffer

Für die Orangensauce frisch gepressten Orangensaft, Zucker, abgeriebene Orangenschale, Zitronensaft mit der Brühe in den Mixtopf geben und **5 Min./100 °C/Stufe 3** einkochen. Das Konzentrat passieren und Butter in kleine Flöckchen unterschwenken. Mit Salz und Cayennepfeffer abschmecken und separat zu gegartem, grünem Spargel servieren.

Frischkäsesauce

FÜR 4 PORTIONEN

3 EL süße Sahne – 5 EL Milch – 1 Eigelb – 200 g Frischkäse
150 g Nuss-Schinken od. gek. Schinken – ½ TL Salz – 1 Msp. Selleriesalz
1 Msp. Muskatnuss – 1 Msp. weißer Pfeffer

Zutaten in den Mixtopf geben und **8 Min./90 °C/Stufe 3** langsam erhitzen. Spargel wie gewohnt zubereiten und mit der Sauce servieren.

Sauce Hollandaise

3 Eigelb – 1 EL Weißweinessig – 150 g eiskalte Butter
Salz und Pfeffer – 1 EL gehackte Petersilie

Eigelb mit Weißweinessig in den Mixtopf geben und **4 Min./70 °C/Stufe 3** schaumig rühren - und die eiskalte Butter unter die Eigelbmasse rühren, mit Petersilie und etwas Salz und Pfeffer abschmecken.

Wichtig: Die Butter muss eiskalt sein, Eigelb und Reduktion/Essig müssen die gleiche Temperatur haben. Die Saucen schmecken auch zu Fisch, Gemüse oder Gegrilltem sehr lecker.

Sauce Bernaise

WWW.LANDHAUS-TEAM.DE

3 EL Estragonessig
3 EL Wasser – 10 Pfefferkörner, gemorst
1 Schalotte klein geschnitten – 1 Lorbeerblatt
für die Saucenbindung: 3 Eigelb
150 g eiskalte Butter – 1 ½ EL frischer Estragon gehackt
Salz und Pfeffer – 1 Schuss Zitronensaft

Alle Zutaten bis zur Saucenbindung in den Thermomix geben und **5 Min./70 °C/ Stufe 3** kochen - alles auf 1 EL Flüssigkeit einkochen lassen. Durch ein Sieb gießen - wieder in den Topf geben. Unter ständigem Rühren **(Stufe 3)** das Eigelb unter die Flüssigkeit geben. Wichtig: die Reduktion darf nicht mehr kochen, muss aber warm sein. Das geht am besten mit der Restwärme des Topfes. Die eiskalte Butter nach und nach dazugeben, die Butter sollte in kleine Stücke geschnitten sein. Wenn sich alles verbunden hat, haben Sie jetzt eine homogene tolle Sauce. Dazu kommt gehackter Estragon, etwas Salz, Pfeffer und Zitrone.

Eingebackener Spargel

FÜR 4 PORTIONEN

750 g Spargel – Salzwasser
1 Pr. Zucker – 1 TL Butter
für den Teig: 250 ml Milch – 250 g Mehl
4 Eier – 80 g Butter – Öl zum Ausbacken

Den Spargel sauber schälen und ihn in den **Varoma®** legen, etwas zuckern, 500 ml Wasser + etwas Salz in den Mixtopf geben und **25 Min./ Varoma®** garen.

Die Milch mit der Butter in den Mixtopf geben und **10 Min./ 100 °C/Stufe 2** aufkochen, das gesiebte Mehl auf einmal hineingeben und nochmal **5 Min./100 °C/Stufe 3** solange rühren, bis der Teig kugelförmig wird und sich von dem Topf löst. Die Eier auf **Stufe 3** unterrühren und den glatten Teig 30 Min. im Kühlschrank ruhen lassen. Den gut abgetropften Spargel dünn in Teig einschlagen und schwimmend in Öl - am besten in einer Friteuse - ausbacken, bis sie goldbraun und knusprig sind. Herausnehmen, gut abtropfen lassen und servieren. Dazu eine Knoblauchsauce, Weißbrot und einen Salat.

Edel-Toast mit Hähnchenbrust

FÜR 6 PORTIONEN

6 Hähnchenbrustfilets á 150 g – 1 Bd. Salbei
4 EL Zitronensaft – 100 ml Olivenöl – Salz und Pfeffer
800 g grüner Spargel – 5 EL Butter
4 Blutorangen – 500 ml Sauce Hollandaise
12 Scheiben Toastbrot – 6 Spiegeleier

Am Morgen: Hähnchen waschen, trockentupfen. Salbei abbrausen, trockenschütteln, fein hacken. Mit Saft, Öl, Pfeffer mischen. Hähnchen darin mindestens 30 Min. marinieren.Vom Spargel die Enden abschneiden, unteres Drittel schälen, Spargel in 5-6 cm lange Stücke teilen. In den **Varoma®** geben und etwas zuckern. 500 ml Wasser + etwas Salz in den Mixtopf geben und **20 Min./Varoma®** garen lassen. Herausnehmen, abtropfen lassen, dann längs halbieren. Orangen samt weißer Haut abschälen. Filets herausschneiden, Saft auffangen, mit Sauce Hollandaise verrühren, pfeffern. **Kurz vorm Servieren:** Hähnchen aus der Marinade nehmen. 1 EL Butter in einer Pfanne erhitzen, Hähnchen auf jeder Seite 6 Min. braten und dann 5 Min. ruhen lassen. Elektro-Ofen auf 200 °C (Gas: Stufe 3) vorheizen. Hähnchen in Scheiben teilen. Brot toasten, mit restlicher Butter bestreichen und auf ein mit Backpapier ausgelegtes Blech legen, evtl. Kreise ausschneiden. Toast mit Hähnchen, Spiegeleiern, Orangen und Spargel belegen, Sauce darauf verteilen, ca. 10 Minuten überbacken.

Erdbeer Spargel (Low Fat)

FÜR 2 PORTIONEN

400 g weißer Spargel – 100 g Erdbeeren
2 Hähnchenbrustfilets ohne Haut, á ca. 160 g
1 EL Butterschmalz – 1 EL Butter
2 EL Joghurt – 1 EL gehackter Estragon
Salz und Pfeffer

Den Spargel schälen, die Enden entfernen. Stangen in ca. 4 cm lange Stücke schneiden und in den **Varoma®** geben. 500 ml Wasser + etwas Salz in den Mixtopf geben und ca. **20 Min./Varoma®** garen. Spargel herausheben und abtropfen lassen. Die Erdbeeren abbrausen, putzen und vierteln. Fleisch abbrausen, trocken tupfen, salzen, pfeffern und im heißen Butterschmalz von beiden Seiten je ca. 5 Min. braten. Aus der Pfanne nehmen und warm stellen. Butter in einer Pfanne erhitzen. Joghurt, Estragon einrühren und die Spargelstücke zufügen. Erhitzen und mit Salz, Pfeffer abschmecken. Vom Herd nehmen und die Erdbeeren unterheben. Den Erdbeer-Spargel mit dem Hähnchenbrustfilet anrichten und servieren.

Nährwerte:
7 g KH, 51 g EW, 11 g Fett, 370 Kcal = 26,76 %

Gemüsegratin mit Spargel

FÜR 4 PORTIONEN

600 g Spargel – 400 g Brokkoli
2 Kohlrabi – 400 g Zucchini
Butter für die Form – 150 g Kräuter-Frischkäse
400 g süße Sahne – 1 Bd. Schnittlauch
60 g geriebener Käse – 3 Eigelb – Salz und Pfeffer

Geschälten Spargel in 2 cm lange Stücke schneiden, Brokkoli in Röschen zerteilen, Kohlrabi in kleine Würfel und Zucchini in dünne Scheiben schneiden. Gemüse in den Varoma geben. 500 ml Wasser in den Mixtopf geben und **20-25 Min./Varoma®** dampfgaren. Gemüse in eine gebutterte, feuerfeste Form schichten. Frischkäse mit der Sahne, feingeschnittenem Schnittlauch, geriebenem Käse und Eigelb gut verrühren, mit Salz und Pfeffer abschmecken. Die Masse über dem Gemüse verteilen und im vorgeheizten Backofen bei 180 °C ca. 30 Min. überbacken.

Grüner Spargel mit Käsehaube

FÜR 4 PORTIONEN

750 g grüner Spargel – Salzwasser
1 Pr. Zucker – 1 EL Butter
8 Scheiben Butterkäse – Paprika
Butter für die Auflaufform

Das untere Drittel des Spargels schälen, den Spargel in den **Varoma®** geben und etwas zuckern. 500 ml Wasser + etwas Salz in den Mixtopf geben und **20 Min./Varoma®** garen lassen. Er soll nicht zu weich werden. Den Spargel vorsichtig herausheben und abtropfen lassen. Die Spargelstangen in eine ausgefettete Auflaufform schichten, mit dem Butterkäse belegen und mit etwas Paprika bestäuben. Die Auflaufform in den vorgeheizten Ofen schieben. (E: 225 °C). So lange überbacken, bis der Käse goldfarben zerläuft.

Grüner Spargel mit Schinken

FÜR 4 PORTIONEN

600 g grüner Spargel – Salzwasser
8 Scheiben roher Schinken – 50 ml Sahne
4 EL Parmesan – 25 g Butter

Den gewaschenen grünen Spargel schälen, im Gegensatz zum weißen Spargel, nur das untere Drittel der Stangen, in den **Varoma®** geben. 500 ml Wasser + etwas Salz in den Mixtopf geben und **15 Min./Varoma®** garen, herausnehmen und gut abtropfen lassen. Eine ofenfeste Auflaufform ausbuttern. Den Spargel gleichmäßig auf je 2 Scheiben Schinken verteilen, den Schinken um den Spargel schlagen und die Spargel-Schinken-Rollen dicht nebeneinander in die Auflaufform legen.

Die Sahne mit 3 EL Parmesan verrühren und über die Spargel-Schinken-Rollen gießen. Den restlichen Parmesan darüberstreuen und aus der Butter einige Flocken aufsetzen. Den Spargel im vorgeheizten Ofen (E: 250 °C) etwa 8 - 10 Min. gratinieren lassen. Dazu Kartoffeln und Fleisch.

Kalbsschnitzel in Eihülle mit Spargelsalat

FÜR 4 PORTIONEN

4 klein. Kalbsschnitzel, vom Rücken á 80 g
Jodsalz- Pfeffer aus der Mühle - Mehl - 2 Eier - 1 EL Butterschmalz
1 kg Spargel, (grün + weiß) - 1 EL Kräuter Dill, Schnittlauch, Petersilie
¼ rote Zwiebel - 4 EL Obstessig - 4 EL trockener Weißwein
3 EL Keimöl oder Kräuteröl - 1 TL scharfer Senf - Pfeffer aus der Mühle

Kalbsschnitzel mit Jodsalz und Pfeffer würzen, in Mehl wenden, in aufgeschlagenes Ei tauchen und sofort in Butterschmalz braten. Weißen Spargel schälen grüner muss nicht geschält werden - und in den **Varoma®** geben und mit etwas Zucker bestreuen. 500 ml Wasser + etwas Salz in den Mixtopf geben und **25 Min./Varoma®** garen. Aus den gehackten Kräutern, der klein geschnittenen Zwiebel, dem Obstessig, Weißwein, etwas Spargelfond, Keimöl und scharfen Senf eine Marinade herstellen. Mit Pfeffer würzen. Spargel aus dem Topf nehmen, in ein Gefäß legen und mit der Marinade übergießen. Zusammen mit den Kalbsschnitzeln anrichten.

Tipp: Ideal ist es, wenn Sie den Spargelsalat einige Stunden vorher zubereiten, so dass er in der Marinade gut durchziehen kann.

Kalbsmedaillons auf Spaghetti-Nestern

FÜR 4 PORTIONEN

400 g Spaghetti – Wasser – Salz und Pfeffer
4 Scheiben Kalbsfilet (á 125 g) – 2 EL Butter oder Öl
220 g Dose Stangenspargel
4 Scheiben gekochter Schinken oder Roastbeef

Wasser, Salz und Öl in den Mixtopf geben und ca. **12 Min./100 °C/Stufe 1** zum Kochen bringen. Dann die Spaghetti durch die Deckelöffnung geben. Je nach Packungsanweisung z.B. **8 Min./90 °C/LL/Stufe 1** kochen.

Jeweils portionsweise in ausgefettete Tassen oder kleine Schüsseln drücken und auf eine vorgewärmte Platte stürzen. In der Mitte etwas eindrücken, so dass Nester entstehen. Die Filetscheiben leicht klopfen, pfeffern und in Butter von beiden Seiten braten. Die abgetropften Spargelstangen - je 3 Stück - in Schinkenscheiben einwickeln. Auf jedes Kalbsmedaillon eines dieser Röllchen legen. Mit Tomatensauce servieren.

Knoblauchspargel „Samstagsgericht“

FÜR 4 PORTIONEN

1 kg Spargel
Salzwasser – Zucker – 1 EL Butter
für die Sauce: 12 Knoblauchzehen – 250 ml Milch
Pfeffer – Olivenöl, max. 250 ml – 2 Bd. Petersilie

Die Knoblauchzehen schälen, halbieren und zusammen mit der Milch in den Mixtopf geben und **15 Min./100 °C/ Stufe 2** kochen. Die Knoblauchzehen herausnehmen und am Besten mit einem Messerblatt zerdrücken. Wieder zur Milch geben und auf **Stufe 4-5** mixen, bis alles musig wird. Die Sauce mit Pfeffer und Öl abschmecken und auf **Stufe 4** zu einer geschmeidigen Sauce verarbeiten. Die Petersilie waschen, gut abtrocknen und sehr fein hacken. Unter das Knoblauchmus ziehen und **10 Min./65 °C/Stufe 2** zu einer cremigen Paste verkochen. Danach die Sauce warm stellen, den geschälten Spargel mit etwas Zucker in den **Varoma®** geben und 500 ml Wasser + etwas Salz in den Mixtopf geben und **25 Min./Varoma®** garen . Herausnehmen und abtropfen lassen. Den Spargel auf einer vorgewärmten Platte anrichten, mit der Sauce überziehen und sofort servieren. Dazu Baguette und Rotwein.

Lammfilet mit grünem Spargel

FÜR 4 PORTIONEN

8 Lammfilets – 1 Bd. Estragon oder Kerbel – 1 große rote Zwiebel
1 TL grobkörniger Senf – 1 TL Honig – 2 EL Balsam-Essig – 1 Knoblauchzehe
Salz und Pfeffer – 100 ml Olivenöl – 800 g grüner Spargel
zum Braten: Pflanzenöl und Butter – 1 Lollo Bianco – 1 Eichblattsalat

Für die Vinaigrette Estragon oder Kerbel fein hacken. Zwiebel und Knoblauchzehe in den Mixtopf geben und **10 Sek./Stufe 8** zerkleinern. Senf, Honig, Essig, Salz und Pfeffer hinzugeben und **2 Min./Stufe 3** verrühren, währrenddessen Öl unterschlagen und Kräuter zugeben. Vinaigrette in eine Schüssel füllen. Spargelenden abschneiden und das untere Drittel der Stangen schälen. In den **Varoma®** geben und etwas zuckern. 500 ml Wasser + etwas Salz in den Mixtopf geben und **15 Min./Varoma®** garen. Spargel gut abtropfen lassen, heiß in die Vinaigrette legen und ca. 20 Min. ziehen lassen. Restliche Knoblauchzehen abziehen und in feine Scheiben schneiden. Öl und Butter in einer Pfanne erhitzen, Lammfites darin rosa braten.

Blattsalate putzen, waschen, verlesen oder grob zerteilen und mit dem noch warmen Spargel auf Teller anrichten. Filets mit Salz und Pfeffer würzen, in Scheiben schneiden und auf Teller verteilen. Mit restlicher Vinaigrette beträufeln.

Polnischer Spargel

FÜR 4 PORTIONEN

750 g grüner oder weißer Spargel – Salzwasser
Zucker – 1 EL Butter
2 Eier, hartgekocht – 1 EL Petersilie, gehackt
Pfeffer – 75 g Butter

Den Spargel schälen, beim grünen Spargel nur das untere Drittel der Stangen, in den **Varoma®** legen und etwas zuckern. 500 ml Wasser + etwas Salz, **20 Min./Varoma®** garen. In der Zwischenzeit die hartgekochten Eier schälen und feinhacken. Den Spargel herausnehmen, abtropfen lassen. Den Spargel auf eine vorgewärmte Platte legen. Die Butter in einer Pfanne zerlassen, sie darf aber nicht braun werden, und über den Spargel gießen. Mit dem gehackten Ei bestreuen und die Petersilie, ggf. auch in der Butter mitwärmen, oben auf streuen.

Rinderfilet in Pfefferrahm

FÜR 2 PORTIONEN

150 g grüner Spargel – Salz
1 Pr. Zucker – 1 TL Butter – 1 rote Zwiebel – 80 g Austernpilze
1 Tomate – 360 g Rinderfilet
2 EL Butterschmalz – 1 EL grüne Pfefferkörner für die Sauce
1 TL Curry – 1 TL Mehl – 2 EL Schlagsahne – 2 cl Cognac
Pfeffer – 2 EL gemischte Kräuter gehackt (z.B. Petersilie, Basilikum, Dill)
bei Bedarf Pasteten vom Bäcker

Geputzten Spargel in den **Varoma®** legen und etwas zuckern. 500 ml Wasser + etwas Salz in den Mixtopf geben und **15 Min./ Varoma®** garen. Zwiebel, Pilze und Tomate klein schneiden. Fleisch erst in Scheiben, dann in Streifen schneiden. Im Schmalz anbraten. Zwiebel und Pilze zufügen. Spargel abgießen, Wasser auffangen. Pfeffer zum Fleisch geben. Mit Curry und Mehl bestäuben, Sahne, einen Teil des Spargelsuds und Cognac zugießen, 5 Min. garen. Spargel in Stücke schneiden, Tomate zugeben, erhitzen und würzen.

Spargel-Pfannkuchen

FÜR 4 PORTIONEN

1 kg Spargel – Salzwasser
Butter – Zucker
200 g roher Schinken – 2 EL Petersilie
150 g Mehl – 2 Eier
125 ml Bier – 125 ml Wasser – Butter zum Braten

Den Spargel schälen und das holzige Stielende abschneiden. Den Spargel in den **Varoma®** geben und etwas zuckern. 500 ml Wasser + etwas Salz in den Mixtopf geben und **25 Min./Varoma®** garen. In der Zwischenzeit aus Mehl, Eiern, Bier und Wasser einen Pfannkuchenteig rühren. In der Pfanne hauchdünne, knusprige Pfannkuchen backen. Das geht am einfachsten, wenn Sie beim Eingießen des Teiges die Pfanne hin und her schwenken, so dass der Teig sich gleichmäßig verteilen kann. Die Pfannkuchen mit Schinken belegen, den abgetropften Spargel darauf verteilen und mit etwas Petersilie bestreuen und einrollen. Sofort servieren.

Teigwaren mit Spargel-Krabben-Sauce

FÜR 4 PORTIONEN

400 g Teigwaren (nach Packungsaufschrift zubereitet)
500 g weißer Spargel – Salz
300 ml Sahne – 220 g Krabbenfleisch – weißer Pfeffer
2 EL Zitronensaft – 75 g Grönland-Shrimps – Dill zum Garnieren

Spargel schälen, in den **Varoma®** legen und etwas zuckern. 500 ml Wasser + etwas Salz in den Mixtopf geben und **25 Min./Varoma®** garen. Abtropfen lassen, Spargelköpfe (3 cm) abschneiden und beiseite legen. Übrigen Spargel in 5 mm große Stücke schneiden. Sahne mit Spargelstückchen und Krabbenfleisch in den Mixtopf geben und **10 Min./100 °C/LL/Stufe 2** köcheln, bis eine sämige Sauce entsteht. Mit Pfeffer und Zitronensaft abschmecken, Spargelköpfe und Shrimps dazugeben. Alles noch mal eine Minute köcheln lassen. Die gekochten, bissfesten Nudeln in eine Schüssel geben, die Sauce unterheben und mit Dill garnieren.

Gegrillter Spargel mit Kerbelbutter

500 g weißer oder grüner Spargel, extra dicke Stangen
4 EL Olivenöl - 250 g Butter - 2 Schalotten, klitzeklein
2 Bd. Kerbel - 2 EL Olivenöl - Salz
Für den Grill: Holzkohle und Anzünder

Spargel schälen, in den **Varoma®** legen und etwas zuckern. 500 ml Wasser + etwas Salz in den Mixtopf geben und **20 Min./Varoma®** garen - leicht auskühlen lassen und mit Olivenöl begießen - mindestens 1 Stunde so marinieren. Die Stangen auf ca. 10 cm Länge schneiden - also praktisch eine Stange halbieren und diese auf höllisch heißer Kohle ca. 2 Minuten grillen. Mit Kerbelbutter servieren. Für die Butter die Schalotten klitzeklein schneiden und in Olivenöl 4-5 Minuten bei kleiner Hitze gar dünsten. Noch lauwarm mit der Butter und dem gehackten Kerbel zerkneten - leicht salzen. Dazu schmecken ein frisches Baguette oder neue Kartoffeln.

Gratinierte Spargelschiffchen

FÜR 4 PORTIONEN

16 Artischockenböden (Dose)
32 grüne Spargelstangen
Salz und Pfeffer
1 Zitrone den Saft davon
Butter
6 EL Emmentaler, gerieben

Grünen Spargel gründlich waschen und die Enden abschneiden, in den **Varoma®** legen. 500 ml Wasser + etwas Salz in den Mixtopf geben und **10 Min./Varoma®** garen. Der Spargel soll Biss behalten. Artischockenböden aus der Dose abtropfen lassen, salzen, pfeffern und mit Zitronensaft beträufeln. Die abgetropften Spargelstangen halbieren, auf die Artischockenböden verteilen und mit Butterflocken belegen. Den Grill vorheizen. Geriebenen Käse über die Spargelschiffchen verteilen und sie auf einer feuerfesten Platte unter den Grill schieben. Herausnehmen, wenn der Käse geschmolzen und leicht gebräunt ist. Sehr heiß mit Remouladensauce und Weißbrot servieren.

Grüner Spargel mit Ei-Kräuter-Marinade

FÜR 4 PORTIONEN

1 kg grüner Spargel - Salz - 1 Pr. Zucker - 20 g Butter oder Margarine
Für die Marinade: 1 Schalotte (30 g) - 1 Knoblauchzehe
2 Eier hart gekocht - 4 EL Kräuter (gehackt) z.B. Kerbel, Schnittlauch
6 EL Rotwein-Essig - 2 EL Gemüsebrühe (Instant)
1 TL Senf - Salz und Pfeffer - Zucker - 8 EL Olivenöl

Spargel waschen, das untere Drittel schälen und in den **Varoma**® legen. 500 ml Wasser + etwas Salz in den Mixtopf geben und **15 Min./Varoma**® garen. Abtropfen lassen. Schalotte und Knoblauch abziehen. Eier pellen. Alles fein würfeln, mit den Kräutern vermengen. Essig, Brühe und Senf verrühren, würzen. Öl nach und nach darunter schlagen. Mit den vorbereiteten Zutaten vermischen. Alles anrichten.

Dazu: Schinken und Butterkartoffeln.

Grüner und weißer Spargel mit Petersilienbutter

FÜR 4 PORTIONEN

500 g weißer Spargel
500 g grüner Spargel
1 Bd. Petersilie (am besten krause Petersilie)
125 g Butter

Den weißen Spargel ganz schälen, den grünen Spargel nur unten. Den weißen Spargel in den unteren **Varoma®** und den Grünen in den oberen Teil legen. 500 ml Wasser + etwas Salz in den Mixtopf geben und **25 Min./ Varoma®** garen. Nach 10-15 Min. den grünen Spargel raus nehmen. Die Kartoffeln als Pellkartoffeln aufsetzen. Für die Petersilienbutter Butter schmelzen, salzen und die klein gehackte Petersilie dazugeben. Dazu Pellkartoffeln (3-5 kleine Kartoffeln pro Portion) und Sauce Hollandaise.

Spargel mit Dips

FÜR 4 PERSONEN

2 kg grüner Spargel – Salz – 1 TL Zucker – 2 TL Butter
Käse-Dip: 200 g Sahne - Frischkäse
Salz und Pfeffer – je 1 TL gehackte Petersilie, Kerbel und Zitronenmelisse
Orangen-Dip: ½ Dose geschlagene Sahne (125 g) – 3 EL Orangensaft
½ TL Zucker – je 1 Pr. Salz – gemahlener Ingwer
Tomaten-Dip: 70 g Tomatenmark – 3 EL Crème fraîche
Saft eine halben Zitrone oder Limette – Salz und Pfeffer - Zucker

Spargel waschen, die unteren Enden abschneiden, in den **Varoma®** geben und etwas zuckern. 500 ml Wasser + etwas Salz in den Mixtopf geben und **25 Min./Varoma®** garen.

So werden die Dips zubereitet: Die Zutaten jeweils in den Mixtopf geben und **30 Sek./Stufe 3** verrühren und abschmecken.

Den Spargel anrichten und zusammen mit den Dips servieren.

Spargel mit Kartoffeln

FÜR 2 PORTIONEN

800 g Kartoffeln – 1 kg Spargel – Salz – 1 TL Butter – 1 Bd. Dill
1 Frühlingszwiebel – 100 g Magerjoghurt – 2 EL Crème fraîche (etwa 30 g)
2 EL körniger Frischkäse – weißer Pfeffer, frisch gemahlen

Die Kartoffeln gründlich bürsten evtl. vierteln, in das Garkörbchen geben und 500 ml Wasser + etwas Salz hinzugeben. Den Spargel schälen, die holzigen Enden abschneiden und in den **Varoma®** geben, etwas zuckern. 500 ml Wasser + etwas Salz in den Mixtopf geben und zusammen mit den Kartoffeln **25 Min./Varoma®** garen. Den Dill waschen, trocken tupfen und fein hacken. Die Frühlingszwiebel von den welken Blättern und dem Wurzelansatz befreien, waschen und in feine Ringe schneiden. Den Joghurt mit der Crème fraîche und dem Frischkäse verrühren. Den Dill und die Zwiebelringe darunter mischen. Die Creme mit Salz und Pfeffer abschmecken. Den Spargel herausnehmen, abtropfen lassen und mit den Kartoffeln auf vorgewärmten Tellern anrichten. Die Dillcreme dazu servieren.

Zubereitungszeit:
etwa 45 Minuten

WWW.LANDHAUS-TEAM.DE

Spargel-Creme und Spargel-Crepes

Grundrezept: 1 kg Spargel – 3 l Wasser
125 g Butter – 1 EL Zucker – 1 TL Salz – 1 Zitrone
gelierte Spargelcreme: 600 g gegarter Spargel – 30 g Butter – 20 g Mehl
¼ l Kochfond vom Spargel – 300 g Sahne – Salz – 1 Pr. Cayenne-Pfeffer
1 Zitrone, den Saft – 9 Blatt Gelatine – 3 Eigelbe – 100 g Butter, gewürfelt

Spargel schälen und in gesalzenem Wasser bissfest garen. Für die Creme, (Spargelwasser aufbewahren) die Enden des Spargels abschneiden (ca. 100 g) und die Spitzen für die Garnitur aufbewahren. Die Spargelenden mit etwas Butter in den Mixtopf geben und **2 Min./100 °C/Stufe 2** anschwitzen mit Mehl bestäuben und mit Spargelfond auffüllen. **5 Min./100 °C/Stufe 3** um die Hälfte einkochen lassen. Die Sahne hinzugeben mit Salz, Pfeffer und Zitronensaft abschmecken. **15 Sek./Stufe 8** pürieren und durch ein Sieb passieren. Die Masse in den Topf zurückgeben und **5 Min./100 °C/Stufe 3** aufkochen. Die Gelatine in kaltem Wasser einweichen und in der warmen Masse auflösen. Mit dem Eigelb legieren. Masse kalt rühren ohne sie stocken zu lassen. Eine Terrinenform mit Klarsichtfolie auslegen und in ein Eiswasserbad stellen. Nun die Creme abwechselnd mit den Spargelstangen einschichten. Über Nacht kaltstellen. Stürzen und zum Anrichten in Scheiben schneiden.

Spargel-Lasagne

FÜR 4 PORTIONEN

750 g weißer Spargel – 750 g grüner Spargel
500 g Champignons, frische – 2 große Zwiebeln
50 g Butter oder Margarine – 2 EL Mehl, gehäuft
3/8 l süße Sahne – Salz – Cayennepfeffer
200 g Goudakäse – 200 g gekochter Schinken – 2 Bd. Petersilie oder Kerbel
200 g Lasagne-Teigblätter – 1 P. hell oder grün ohne kochen

Weißen Spargel unterhalb der Köpfe, vom grünen Spargel nur das untere Drittel schälen. Weißen Spargel unten in den **Varoma®** geben und den grünen obendrauf, etwas zuckern. 500 ml Wasser + etwas Salz in den Mixtopf geben und **25 Min./Varoma®** garen, nach 15 Min den grünen Spargel herausholen. Champignons waschen und in Scheiben schneiden. Zwiebeln schälen und hacken, in erhitztem Fett **2 Min./Varoma®** gelb dünsten. Pilze zugeben, **2 Min./Varoma®** weiterdünsten. Mit Mehl bestäuben, Pilze wenden und mit Sahne ablöschen und würzen.

Käse mit dem Käse- oder Rettichhobel grob raffeln. Schinken in Streifen schneiden. Kräuter waschen, trocken schleudern und hacken. Alles lagenweise zusammen mit den Lasagneblättern in eine feuerfeste Auflaufform schichten, mit Käse bestreuen und im vorgeheizten Backofen ca. 25 Min. garen.

Spargelröllchen

FÜR 2 PORTIONEN

800 g Spargel – Salz – 1 Stück Würfelzucker
60 g Schwarzwälder Schinken hauchdünn geschnitten
20 g Emmentaler gerieben – 1 EL Butter – Paprika
Dazu: 6 neue Kartoffeln

Den Spargel schälen, die holzigen Enden abschneiden und in den **Varoma®** geben, etwas zuckern. 500 ml Wasser + etwas Salz in den Mixtopf geben und **25 Min./Varoma®** garen.

Spargel schälen und in gesalzenem Wasser bissfest garen. Stangen quer halbieren und zu mehreren gebündelt auf eine feuerfeste Platte setzen. Mit Schinkenscheiben belegen und mit geriebenem Käse bestreuen. Zerlassene Butter darüber träufeln und unter dem Grill den Käse schmelzen lassen. Mit etwas Rosenpaprika bestäuben. **Dazu:** neue Kartoffeln.

Grüner Spargel mit Fisch

FÜR 4 PORTIONEN

750 g grüner Spargel
400 g Fischfilets Egli, Flunder, Kabeljau, Lachs
4 große Garnelen
Sauce: 1 EL Butter – 1 EL Vollkornmehl – 100 ml Spargelkochwasser
150 ml Weißwein – 1 EL Senf mittelscharf – 200 ml Vollrahm – 1 TL Hefe
100 g Erbsen, tiefgekühlt – 2 EL Dill, fein gehackt – Salz und weißer Pfeffer

Den Spargel schälen, die holzigen Enden abschneiden und in den **Varoma®** geben, etwas zuckern. 500 ml Wasser + etwas Salz in den Mixtopf geben und **15 Min./Varoma®** garen.

Spargelwasser beiseite stellen. Von den Spargeln die Spitzen ca. 4 cm lang wegschneiden, den Rest schräg in ca. 5 mm dicke Scheiben schneiden. Die Spargelspitzen warm halten. Für die Sauce, Butter in den Mixtopf geben und **2 Min./ 80 °C/Stufe 3** erhitzen, Mehl darin kurz andünsten, mit Spargelwasser und Weißwein ablöschen. Senf und Rahm beifügen, **5 Min./ 80 °C/ Stufe 3** köcheln lassen. Mit Hefe, Salz, Pfeffer und Dill abschmecken. Erbsen und Spargelscheiben beifügen und warm halten. Fischfilets leicht würzen und zusammen mit den Garnelen in den **Varoma®** geben und ca. **3 Min./ Varoma®** dämpfen. Teller erwärmen, mit der Sauce einen Saucenspiegel machen, die Spargelspitzen anordnen, dann die Fischfilets und die Garnelen. Mit Dill garnieren.

Maischolle mit jungen Kartoffeln und Spargel

FÜR 4 PORTIONEN

750 g neue Kartoffeln – 500 g Spargel, weiß
500 g Spargel, grün – Salz – 30 g Walnuss-Kerne – 1 Bd. Schnittlauch
3 EL Weißwein-Essig – 1 EL Balsamico-Essig – Pfeffer – 1 Pr. Zucker
2 EL Walnuss-Öl – 75 g geräucherter Speck, durchwachsen
4 Schollen, küchenfertig je ca. 300 g – 50 g Mehl
30 g Butter ODER Margarine – 2 EL Sonnenblumenöl – Kerbel nach Belieben

Kartoffeln in den **Varoma®** geben, etwas zuckern. Spargel waschen, schälen (beim grünen Spargel nur unteres Drittel schälen), holzige Enden abschneiden. Den Spargel schräg in dünne Scheiben schneiden und in das Garkörbchen geben, 500 ml Wasser + etwas Salz hinzugeben und **25 Min./ Varoma®/Stufe 2** garen. Nach ca. 5 Min. den grünen Spargel aus dem Mixtopf nehmen, die Kartoffeln weiter garen. Walnüsse grob hacken. Schnittlauch in Röllchen schneiden. Essig, Salz, Pfeffer und Zucker verrühren. Walnussöl unterschlagen. Walnüsse und die Hälfte des Schnittlauchs zufügen. Spargel damit übergießen, kurz durchziehen lassen. Speck fein würfeln, in einer Pfanne knusprig ausbraten. Zum Schluss Kartoffeln kurz mit braten. Mit Salz und Pfeffer würzen, warm stellen. Schollen mit Salz bestreuen und in Mehl wenden. Fett und restliches Öl in 2 großen beschichteten Pfannen erhitzen. Schollen in 6-8 Min. unter Wenden braten. Mit Speckkartoffeln und Spargelsalat auf Tellern anrichten. Mit restlichem Schnittlauch bestreuen und mit Kerbel garnieren.

Seezungenröllchen mit Spargeln an Safransauce

FÜR 4 PORTIONEN

4 große Seezungenfilets – ½ Zitrone Saft
Salz und schwarzer Pfeffer – 12 schöne Basilikumblätter
10 grüne Spargeln – 100 ml Weißwein – 100 ml Fischfond
75 ml Rahm – 1 Briefchen Safran – 50 g Butter

Seezungenfilets mit dem Zitronensaft beträufeln und beidseitig mit Salz sowie Pfeffer würzen. Jedes Filet auf der glänzenden Seite der Länge nach mit drei Basilikumblättern belegen und aufrollen. Mit einem scharfen Messer so halbieren, dass zwei Rollen entstehen. Den Spargel schälen, die holzigen Enden abschneiden und in den **Varoma®** geben, etwas zuckern. 500 ml Wasser + etwas Salz in den Mixtopf geben und **25 Min./ Varoma®** garen. Spargel schälen und in gesalzenem Wasser bissfest garen. Gleichzeitig Weißwein und Fischfond in einer weiten Pfanne 3-4 Min. offen kochen lassen. Die Fischröllchen im Sud zugedeckt auf kleinem Feuer etwa 5 Min. gar ziehen lassen. Herausheben und warm stellen. Den Fischsud gut zur Hälfte einkochen lassen. Rahm und Safranpulver beifügen. Kurz kochen lassen. Dann die Butter in Flocken dazu schneiden und in die Sauce einziehen lassen. Nach Belieben einige Safranfaden beifügen und die Sauce mit Salz und Pfeffer abschmecken. Die Spargeln der Länge nach einmal halbieren und fächerartig auf vorgewärmten Tellern anrichten. Je zwei Seezungenröllchen dazusetzen und mit Sauce umgießen.

Zander-Frikassee mit Spargel und Frühlingsgemüsen

FÜR 4 PERSONEN

800 g Zanderfilet – 250 g grüner Spargel – 1 EL Butter
200 g Bund Möhren – 150 g weiße Champignons – 100 g Schalotten
250 g trockener Sekt – 250 g Sahne Doppelrahmstufe 50 %
50 g geschlagene Sahne – Salz und Cayenne

Gewürfelte Schalotten und geputzte Champignons mit Butter **3 Min./LL/Stufe 2** dünsten.

Den Spargel schälen, die holzigen Enden abschneiden und zusammen mit den geputzten Möhren in den **Varoma®** geben, etwas zuckern. Das Zanderfilet in den mit Backpapier ausgelegten Einlegeboden legen. 500 ml Wasser (TM 5 ca. 700 ml) + etwas Salz in den Mixtopf geben und **25 Min./Varoma®/Stufe 2** garen.

Nun mit Sekt ablöschen. Jetzt noch Doppelrahm (Sahne) dazugeben, mit Salz und Cayenne abschmecken. Zum Schluss das Gemüse und die Fischstücke in einer Schüssel anrichten, mit Sauce übergießen und mit Kerbel garniert servieren.

Tipp: Dazu reicht man Kartoffeln (die man im Garkörbchen gleich mitkochen kann!)

Zanderfilet auf Spargel

FÜR 2 PORTIONEN

1 Bd. grüner Spargel - Salz - 1 Scheibe Zitrone
1 TL Butter - ½ TL Zucker - 3 große Tomaten
2 EL Basilikum in Streifen - 1 EL Balsamico-Essig
3 EL Olivenöl - Salz und Pfeffer - 300 g Zanderfilet
4 EL Zitronensaft - 2 EL Mehl - 1 EL Öl

Den Spargel schälen, die holzigen Enden abschneiden und in den **Varoma®** geben, etwas zuckern. 500 ml Wasser + etwas Salz in den Mixtopf geben und **25 Min./ Varoma®** garen.

Die Tomaten kreuzweise einritzen, mit kochendem Wasser überbrühen und die Haut abziehen. Halbieren und entkernen. Das Fruchtfleisch fein würfeln und mit dem Basilikum, Essig, Olivenöl, Salz und Pfeffer verrühren. Das Zanderfilet mit Zitronensaft beträufeln, salzen, pfeffern und in dem Mehl wenden. Das Öl in einer Pfanne erhitzen. Das Filet darin bei großer Hitze in ca. 2 Min. von jeder Seite goldbraun braten. Die Spargel und den Zander auf Tellern anrichten. Die Tomaten-Vinaigrette dazu servieren.

Crepes mit Spargel und Frischkäse

FÜR 4 PORTIONEN

750 g frischer Spargel geschält und gekocht – 450 g Frischkäse
Zitronenschale abgerieben – Salz und schwarzer Pfeffer
100 g Mehl – ½ TL Salz – 2 Eier
1 EL Olivenöl – 1/8 l Milch – 1/8 l Wasser – 300 g Kaffeesahne

Man bereitet erst die Füllung zu: den Spargel in etwa 2,5 cm lange Stücke schneiden, mit Frischkäse und Zitronenschale vermischen, mit Salz und Pfeffer abschmecken. Den Crepes-Teig zubereiten: Mehl, Salz, Eier, Olivenöl, Milch und Wasser in den Mixtopf geben und **30 Sek./Stufe 3** gut miteinander verrühren. Den Backofen auf 180 °C vorheizen. Aus dem Teig pro Portion 3 dünne Crepes zubereiten. Die Spargelmischung gleichmäßig darauf verteilen, die Crepes zusammenrollen und nebeneinander in eine flache Auflaufform legen. Die Sahne auf die Crepes gießen, mit Alufolie abdecken und 20-30 Min. im Ofen backen, bis die Crepes durch und durch heiß sind. Dazu passen junge Möhren und neue Kartoffeln.

Gelierte Spargelcreme-Kaltschale

FÜR 4 PORTIONEN

1 kg Spargel – 3/4 l Wasser
Salz – Zucker – 3 Scheiben weiße Gelatine
150 g süße Sahne – 4 Scheiben roher Schinken – 1 Bd. Schnittlauch

Spargelspitzen auf eine Länge von 8 bis 10 cm abschneiden, restlichen Spargel in Stücke schneiden. Den Spargel schälen, die holzigen Enden abschneiden und in den **Varoma®** geben, etwas zuckern. 500 ml Wasser + etwas Salz in den Mixtopf geben und **25 Min./Varoma®** garen.

Spargelspitzen herausnehmen und beiseite stellen, restlichen Spargel in den Mixtopf geben und mit der Brühe **15 Sek./Stufe 3** pürieren und durch ein Sieb streichen. Gelatine nach Anweisung auflösen zur Brühe geben und kalt stellen. Sahne steif schlagen, unter die Suppe heben. Spargelspitzen sternförmig in tiefe Teller verteilen, mit Suppe umgießen und kühl stellen. Vor dem Servieren Schinken in Streifen, Schnittlauch in Röllchen schneiden und über die Suppe streuen.

Gratinierte Spargel-Eierkuchen

FÜR 4 PORTIONEN

1 kg Spargel - Salz - 1 Pr. Zucker
1 TL Butter - 1 EL Mehl - 6 Eier - Pfeffer
Butterschmalz zum Backen - 4 EL geriebener Käse
1/8 l Sahne - 1 Eigelb - 1 EL gehackte Petersilie
zum Garnieren: etwas Käse

Den Spargel schälen, die holzigen Enden abschneiden und in den **Varoma®** geben, etwas zuckern. 500 ml Wasser + etwas Salz in den Mixtopf geben und **25 Min./Varoma®** garen.
Mehl mit etwas Wasser in den Mixtopf geben und **15 Sek./Stufe 3** glatt rühren. Die Eier zugeben und **10 Sek./Stufe 3** verquirlen. Salzen, pfeffern und in heißem Butterschmalz daraus 4 Eierkuchen backen. Mit Spargel füllen. In eine gefettete, ofenfeste Form legen und mit Käse bestreuen. Sahne mit Eigelb und Käse verquirlen, darauf gießen und bei 225 °C (Gas: Stufe 4) im vorgeheizten Backofen ca. 20 Min. gratinieren.

Dazu: Toast und Butter.

Grünes Spargeleis

FÜR 2 LITER

3/4 l Milch – 12 Eigelb – 180 g Zucker
1 Pr. Salz – 200 g Crème fraîche – 400 g weißer Spargel
300 g grüner Spargel

Den Spargel schälen, die holzigen Enden abschneiden und in den **Varoma®** geben, etwas zuckern. 500 ml Wasser + etwas Salz in den Mixtopf geben und **25 Min./Varoma®** garen. Der Fond kann für Spargelsuppe verwendet werden, da er hier nicht mehr benötigt wird. Den gesamten Spargel in den Mixtopf geben und **20 Sek./Stufe 8** fein pürieren und falls nötig durch ein Sieb streichen. Es sollte ca. 2/3 des Rohgewichtes übrig bleiben. Milch und Zucker in den Mixtopf geben und **5 Min./100 °C/Stufe 3** aufkochen, das Eigelb mit dem Salz glatt rühren und ca. 1/3 der kochenden Milch unter Rühren in die Eier geben. Anschließend die Eimasse in die kochende Milch geben (unter Rühren) und so lange weiter erhitzen, bis die Flüssigkeit andickt. Das geht relativ schnell und die Masse darf dabei auf keinen Fall kochen! SOFORT aus dem Topf in ein anderes Gefäß umfüllen (durch ein Sieb, um die Hagelschnüre rauszufiltern) und kaltstellen (in Eiswasser). Unter die kalte Eisgrundmasse die Creme Fraiche und das Spargelpüree geben und die Masse in einer Eismaschine frieren. Passt hervorragend zu Erdbeeren...

Spargelpesto

500 g grüner Spargel – 25 g Pinienkerne
1 Handvoll junger Spinat – 2 feingeschnittene Knoblauchzehen
50 g geriebener Parmesan – Salz, Pfeffer, Muskat

Den Spargel schälen, die holzigen Enden abschneiden und in den **Varoma®** geben, etwas zuckern. 500 ml Wasser + etwas Salz in den Mixtopf geben und **25 Min./ Varoma®** garen. Spargel in Stücke schneiden, mit Pinienkernen, Knoblauchzehen in den Mixtopf geben und **15 Sek./Stufe 8** pürieren. Öl hinzufügen bis eine streichfähige Masse entsteht. Parmesan unterheben und würzen. Passt zu Ciabattabrot mit Rucolasalat und Wachteleier.

Spargel-Tarte

250 g Weizenmehl – Salz – 5 Eier – 250 g Sahne
125 g Butter – 750 g grüner Spargel
1 Gemüsezwiebel (ca. 350 g) – 1 EL Öl
2 EL mittelscharfer Senf – 500 g Kirschtomaten
weißer Pfeffer, Muskat – Petersilie zum Garnieren

Mehl und eine Prise Salz, 1 Ei und 4-5 EL Sahne, kalte Butter in Flöckchen in den Mixtopf geben und **15 Sek./Stufe 3** zu einem glatten Teig verkneten. Zugedeckt 30 Min. kalt stellen. In der Zwischenzeit den Spargel vorbereiten. Den Spargel schälen, die holzigen Enden abschneiden und in den Varoma geben, etwas zuckern. 500 ml Wasser + etwas Salz in den Mixtopf geben und **15 Min./Varoma®** garen. Mürbeteig ausrollen und in eine gefettete Tarteform (24 cm) geben. Im vorgeheizten Backofen ca. 12 Minuten bei 200 °C vorbacken. Zwiebel schälen und in Spalten schneiden. Öl erhitzen und Zwiebeln kurz anbraten. Übrige Eier, Senf und Sahne verquirlen und kräftig mit Salz, Pfeffer und Muskat abschmecken. Tomaten halbieren und zusammen mit dem Spargel und den Zwiebeln auf dem Teig verteilen. Mit der Eiermilch übergießen und die Tarte bei gleicher Temperatur ca. 1 Std. backen. Evtl. aber nach 40 Min. mit Pergament abdecken.

Spargelpizza

FÜR 1 PIZZATEIG

Teig: 200 g Mehl – 20 g Hefe – 100 ml Wasser
1 Pr. Salz – 1 Pr. Zucker – 3 EL Öl
Mehl zum Bearbeiten – 20 g Butter fürs Blech
Belag: 250 g grüner Spargel – 250 g weißer Spargel
100 g Butter – 100 g Parmesan grob geraspelt
50 g Mandelblättchen

Wasser und die Hefe in den Mixtopf geben und **2 Min./37 °C/Stufe 2** auflösen. Den Rest hinzugeben und **20 Sek./Stufe 3** zu einem Teig verarbeiten. Den Teig auf einer bemehlten Arbeitsfläche zur Kugel formen, leicht mit Mehl bestäuben, mit einem Tuch bedecken und 30-40 Min. gehen lassen. Für den Belag die weißen Spargelstangen schälen, dickere Stangen längs halbieren. Grünen Spargel nur am unteren Ende schälen. Alle Spargelstangen in 6 cm lange Stücke schneiden. Eine Tarteform (28 cm Durchmesser, möglichst mit herausnehmbarem Boden) mit weicher Butter ausstreichen. Den Teig auf der bemehlten Arbeitsfläche in der Größe der Form ausrollen, in die Form legen, mit einer Gabel mehrfach einstechen und am Rand rundum mit den Fingern etwas hoch drücken. Weiße und grüne Spargelstücke gleichmäßig auf dem Teigboden verteilen. Mit Parmesan und Mandelblättchen bestreuen, die Butter in Flöckchen darauf verteilen. Die Pizza im vorgeheizten Backofen bei 250 °C auf der zweiten Einschubleiste von unten 25-30 Min. backen. Während der letzten 10 Min. event. mit Backpapier abdecken, falls die Mandeln zu dunkel werden. Die Spargelpizza lauwarm servieren.